Impressum
Verlag: BABADADA GmbH, Nedderfeld 112 , 22529 Hamburg
Geschäftsführer / Verlagsleitung: Harald Hof
Druck: Books on Demand GmbH, In de Tarpen 42, 22848 Norderstedt

Imprint
Publisher: BABADADA GmbH, Nedderfeld 112 , 22529 Hamburg, Germany
Managing Director / Publishing direction: Harald Hof
Print: Books on Demand GmbH, In de Tarpen 42, 22848 Norderstedt, Germany

ክፍሊ፡ ክላስ
sala de aulas

መቀለ
dividir

186/2

ሰሌዳ
quadro

ቀጽሪ ቤት-ትምህርቲ
pátio da escola

መምህር
professor

ወረቐት
papel

ጸሓፊ
escrever

መጽሓፊ
caneta

ጣውላ ምጽሓፍ
escrivaninha

መስመር
régua

መጽሓፍ
livro

ተመሃራይ
aluno

ሳንጣ ትምህርቲ
sacola

ሰፈር ብርዒ
estojo de lápis

ርሳስ
lápis

መብልሒ ርሳስ
apontador de lápis

መደምሰሲ
borracha

ጥራዝ ስእሊ
bloco de desenho

ሰእሊ
....
desenho

ብርዒ ቀለም
....
pincel

ቦክስ ቀለም
....
estojo de tintas

መቀስ
....
tesoura

መጣበቂ
....
cola

ጥራዝ መላመዲ
....
livro de exercícios

ዕዮ ገዛ
....
lição de casa

12

ቁጽሪ
....
número

2+2

ወሰኸ
....
somar

5-2

ጎደለ
....
subtrair

2×2

ረብሐ
....
multiplicar

ደመረ
....
calcular

A

ፊደል
....
letra

ABCDEFG HIJKLMN OPQRSTU VWXYZ

ስርዓት ፊደላት
....
alfabeto

hello

ቃል
....
palavra

ጽሑፍ
....
texto

አንበበ
....
ler

ኩርሽ
....
giz

ሰዓት
....
hora

መዝገብ ክላስ
....
registro da classe

መርመራ
....
exame

ሰርቲፊከት
....
certificado

ድቢዛ ቤትትምህርቲ
....
uniforme escolar

ትምህርቲ
....
educação

ለክሲኮን
....
enciclopédia

ዩኒቨርሲቲ
....
universidade

ሚክሮስኮፕ
....
microscópio

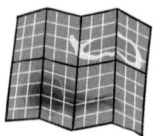

ካርታ
....
mapa

ጎሓፍ ወረቓት
....
cesto de lixo

መገሻ

viagem

Grand
መቐበሊ ኣጋይሽ
hotel
ሆስተል
albergue
ROOMS
ቦታ ቅያር ገንዘብ
casa de câmbio
EXCHANGE
ባሊጃ
mala
መኪና
carro

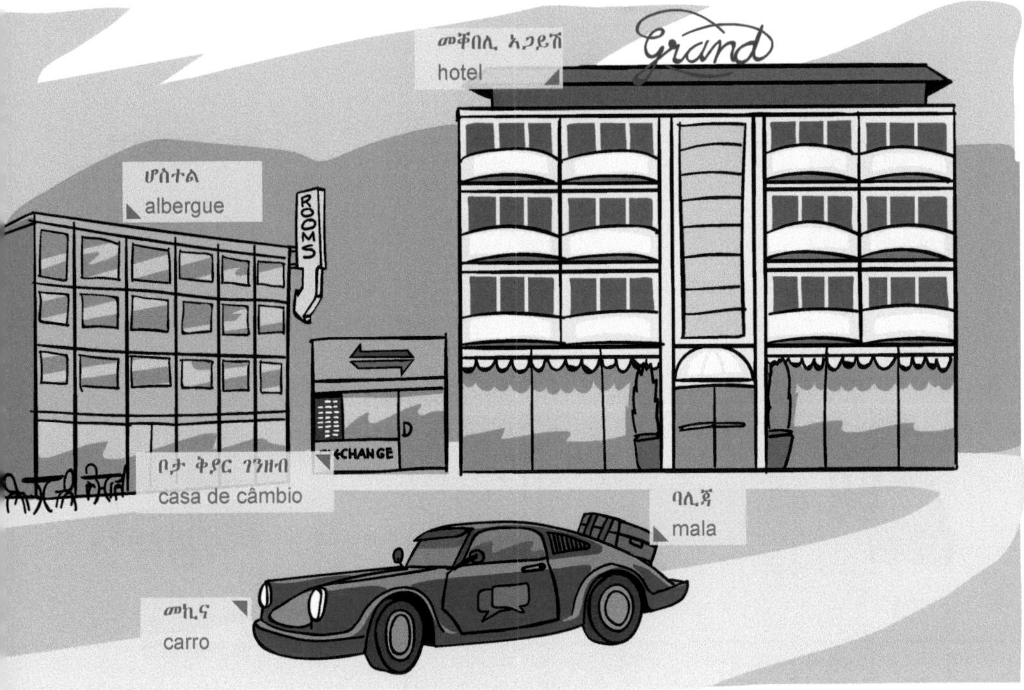

ቋንቋ

idioma

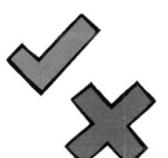

እወ / ኖ

sim / não

ሕራይ

ok

ሰላም

Olá

ኣስተርጓሚ

tradutor

የቐንየለይ

obrigado

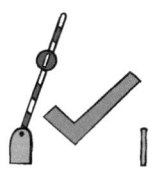

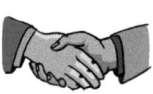

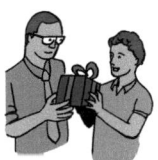

... ክንደይ ዋግኡ?

quanto custa...?

ኣይተረድኣኹን

eu não entendo

ሽግር

problema

ሰላም ምሸት!

boa noite!

ከመይ ሓዲርካ

Bom dia!

ሰላም ለይቲ

Boa noite!

ደሓን ኩን

até logo

ኣንፈት

direção

ጉዕዞ

bagagem

ሳንጣ

bolsa

ሳንጣ ሕቖ

mochila

ጋሻ

convidado

ክፍሊ

quarto

ክሻ መደቀሲ

saco de dormir

ቴንዳ

barraca

ሓበሬታ በጻሕቲ ሃገር

informação turística

ገምገም ባሕሪ

praia

ክረዲት ካርድ

cartão de crédito

ቁርሲ

café da manhã

ምሳሕ

almoço

ድራር

jantar

ቲከት

bilhete

ሊፍት

elevador

ማሕተም ደብዳበ

selo

ዶብ

fronteira

ድንና

alfândega

ኤምባሲ

embaixada

ቪዛ

visto

ፓስፖርት

passaporte

መጓዓዝያ

transporte

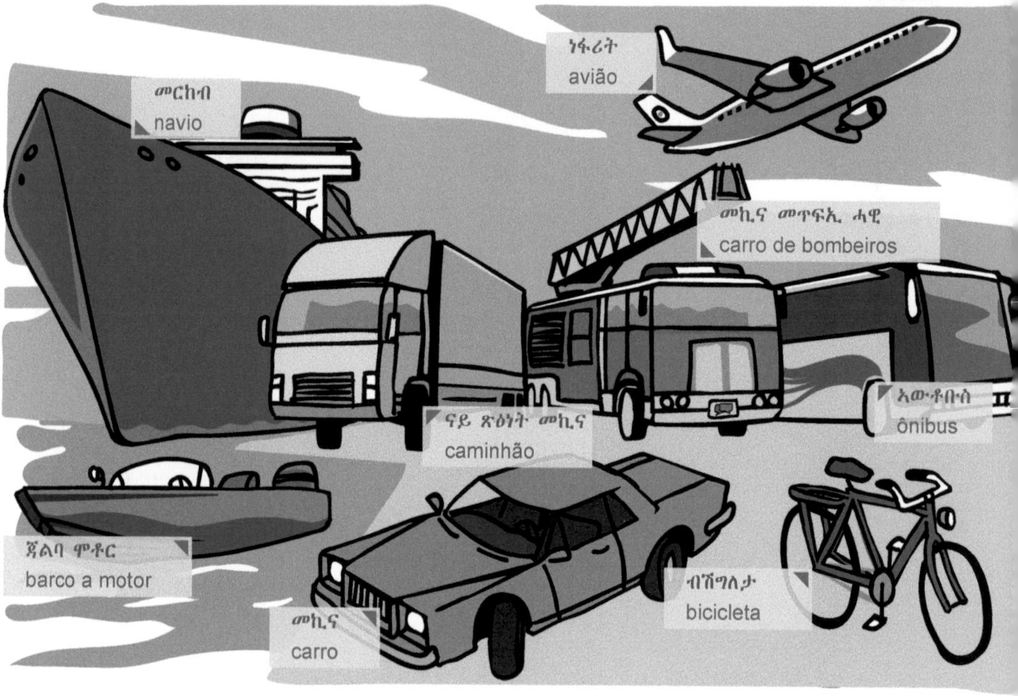

መርከብ
navio
ነፋሪት
avião
መኪና መጥፍኢ ሓዊ
carro de bombeiros
ናይ ጽዕነት መኪና
caminhão
ኣውቶቡስ
ônibus
ጃልባ ሞቶር
barco a motor
መኪና
carro
ብሽግለታ
bicicleta

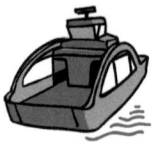

ፈሪ

balsa

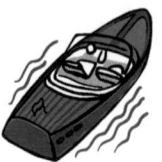

ጃልባ

barco

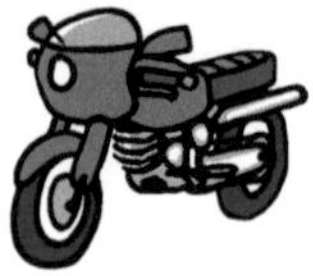

ሞቶ

motocicleta

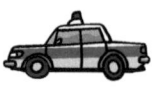

መኪና ፖሊስ

veículo policial

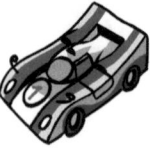

መኪና ቅድድም

carro de corrida

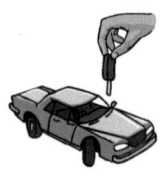

ክራይ መኪና

carro de aluguel

ምውፋይ መካይን

compartilhamento de automóvel

መወሰዲ መኪና

caminhão de reboque

መኪና ጎሓፍ

caminhão de lixo

ሞቶር

motor

ነዳዲ

combustível

እንዳ ነዳዲ

posto de gasolina

ምልክት ትራፊክ

placa de trânsito

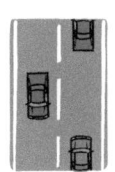

ትራፊክ

trânsito

ምጽቕጻቕ ትራፊክ

trânsito lento

መዐሸጊ መኪና

estacionamento

መዕረፊ ባቡር

estação de trem

ሓዲግ

trilhos

ባቡር

trem

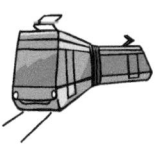

ትረም

bonde

ባጎኒ

vagão

ሄሊኮፕተር

helicóptero

መዕረፍ ነፈርቲ

aeroporto

ታወር

torre

ተጓዓዚ

passageiro

ኮንተይነር

contêiner

ሳንዱቕ ካርቶን

cartolina

ኮርሳ ጽዕነት

carroça

ዘንቢል

cesto

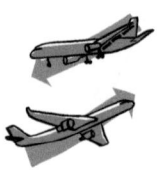

ተበገሰ / ዓለበ

decolar / pousar

ከተማ

cidade

ቀኸሸት

vilarejo

ማእከል ከተማ

centro da cidade

ገዛ

casa

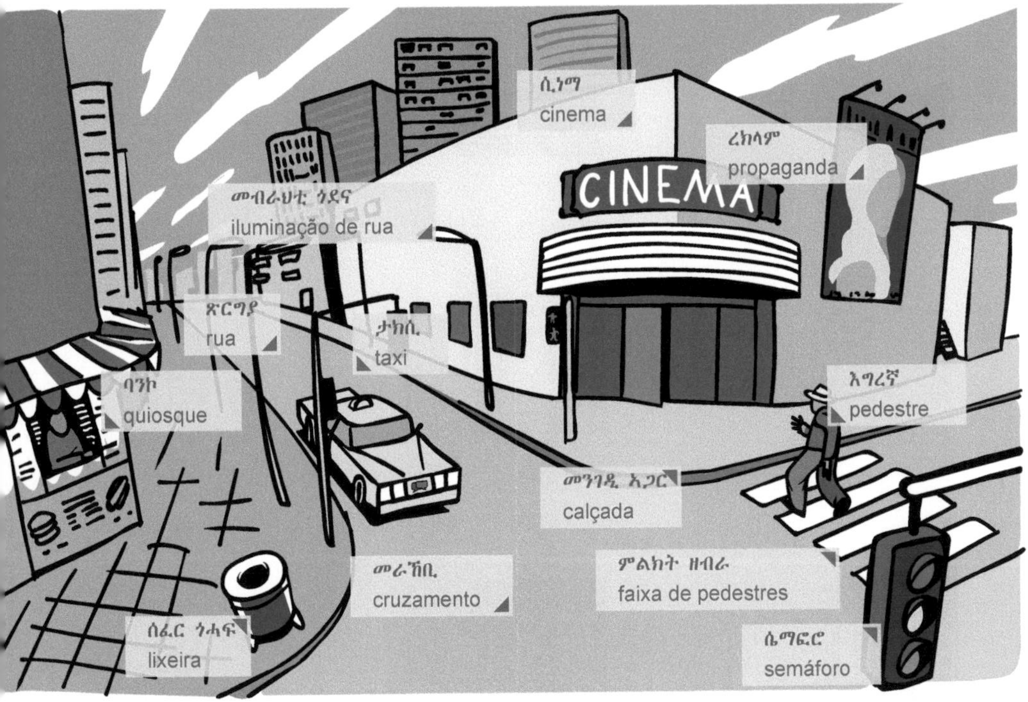

ሲነማ
cinema

ረክላም
propaganda

መብራህቲ ጎደና
iluminação de rua

ጽርግያ
rua

ታክሲ
taxi

ባንኮ
quiosque

እግረኛ
pedestre

መንገዲ እጋር
calçada

መራኸቢ
cruzamento

ምልክት ዘብራ
faixa de pedestres

ሰፈር ጎሓፍ
lixeira

ሴማፍሮ
semáforo

አጉዶ
....
cabana

አፓርትመንት
....
apartamento

መዕረፊ ባቡር
....
estação de trem

ቤት ምምሕዳር
....
prefeitura

ቤተ መዘክር
....
museu

ቤት-ትምህርቲ
....
escola

ዩኒቨርሲቲ
universidade

ባንክ
banco

ሆስፒታል
hospital

መቆበሊ አጋይሽ
hotel

ቤት መድሃኒት
farmácia

ቤት ጽሕፈት
escritório

ዱኳን መጽሓፍቲ
livraria

ዱኳን
loja

ዱኳን ዕንባባ
floricultura

ሱፐርማርኬት
supermercado

ዕዳጋ
mercado

ሹቅ
loja de departamentos

ነጋዳይ ዓሳ
peixaria

ሹቅ
centro comercial

መርሳ
porto

መዝናግዒ
parque

ባንኪ
banco

ድልድል
ponte

መደያያቦ
escadas

ባቡር ትሕቲ ምድሪ
metrô

ቢንቶ
túnel

መዕረፊ አውቶቡስ
ponto de ônibus

ቤት መስተ
bar

ቤት-መግቢ
restaurante

ስታሪት
caixa de correspondência

ታቤላ
placa de rua

ሰዓት ፓርኪንግ
parquímetro

መካነ እንስሳታት
zoológico

መሓምበሲ
piscina

መስጊድ
mesquita

ቤት ሕርሻ
....
fazenda

ብከላ
....
poluição

መቓበር
....
cemitério

ቤተክርስትያን
....
igreja

ቦታ ምጽዋት
....
parquinho

ቤት መቕደስ
....
templo

ስእሊ መሬት

paisagem

አቖጽልቲ
folha

መሕበሪ መገዲ
placa de sinalização

መገዲ
caminho

ሸኻ
gramado

እምኒ
pedra

ዮብላሊ
caminhantes

ኣግራብ
árvore

ፈለግ
rio

ሰዓሪ
grama

ዕንባባ
flor

ስንጭሮ

vale

ጎቦ

montanha

ቀላይ

lago

ዱር

floresta

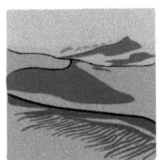

ምድረ በዳ

deserto

እሳተ-ጎመራ

vulcão

ግምቢ

castelo

ቀስተ-ደመና

arco-íris

ቃንጦሻ

cogumelo

ዓርኮብኮባይ

palmeira

ጣንጡ

mosquito

ሃመማ

mosca

ጻጻ

formiga

ንህቢ

abelha

ሳሬት

aranha

ሕንዚዝ

besouro

ዕንቅርያብ

sapo

ምጽጹላይ

esquilo

ቅንፍዝ

ouriço

ማንቲለ

lebre

ጉንን

coruja

ጭሩ

pássaro

ስዋን

cisne

መፍለስ

javali

ዓጋዘን

veado

ሙስ

alce

ግድብ

barragem

ተርባይን ንፋስ

aerogerador

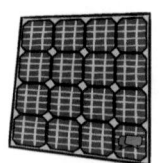

ሶላር ስርሓት

painel solar

ኩነታት ኣየር

clima

አሰላፊ
garçom

ካርታ መግብታት
menu

መንበር
cadeira

መረቅ
sopa

ፒትሳ
pizza

መመታተሪ
talheres

ክዳን ጣውላ
toalha de mesa

ቅድመ ቀንዲ መግቢ
entrada

ቀንዲ መአዲ
prato principal

ድሕረ መግቢ
sobremesa

መስተ
bebidas

መግቢ
comida

ጥርሙዝ
garrafa

ስሉጥ መግቢ.

fastfood

መግቢ. ጽርግያ

comida de rua

ብርጭቆ ሻሂ

bule de chá

ታኒካ ሽኮር

açucareiro

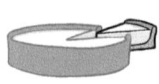

ክፋል

porção

ማሺን ኤስፕረሶ

máquina de expresso

ነዊሕ መንበር

cadeirão

ጸብጻብ

conta

ታብለት

bandeja

ካራ

faca

ፋርከታ

garfo

ማንካ

colher

ማንካ ሻሂ

colher de chá

ሰርቪየተ

guardanapo

ብኬሪ

copo

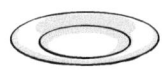

ሸሓኒ

prato

ሸሓኒ መረቕ

prato de sopa

ትሕቲ ኩባያ

pires

ጸብሒ

molho

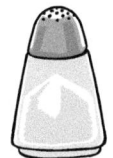

ወሃቢ ጨው

saleiro

መጥሓን በርበረ

moedor de pimenta

ኣቾቶ

vinagre

ዘይቲ

óleo

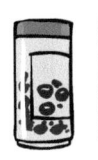

ቀመም

especiarias

ከቾፕ

ketchup

ኣድሪ

mostarda

ማዮኔዝ

maionese

ሱፐርማርክት

supermercado

ወፈያ
oferta especial
FOR
ዓሚል
cliente
ፍርያታት ጸባ
laticínios
ፍረታት
frutas
ሰረገላ ዱኳን
carrinho de compras

BUTCHERS

እንዳ ስጋ

açougue

BAKERY

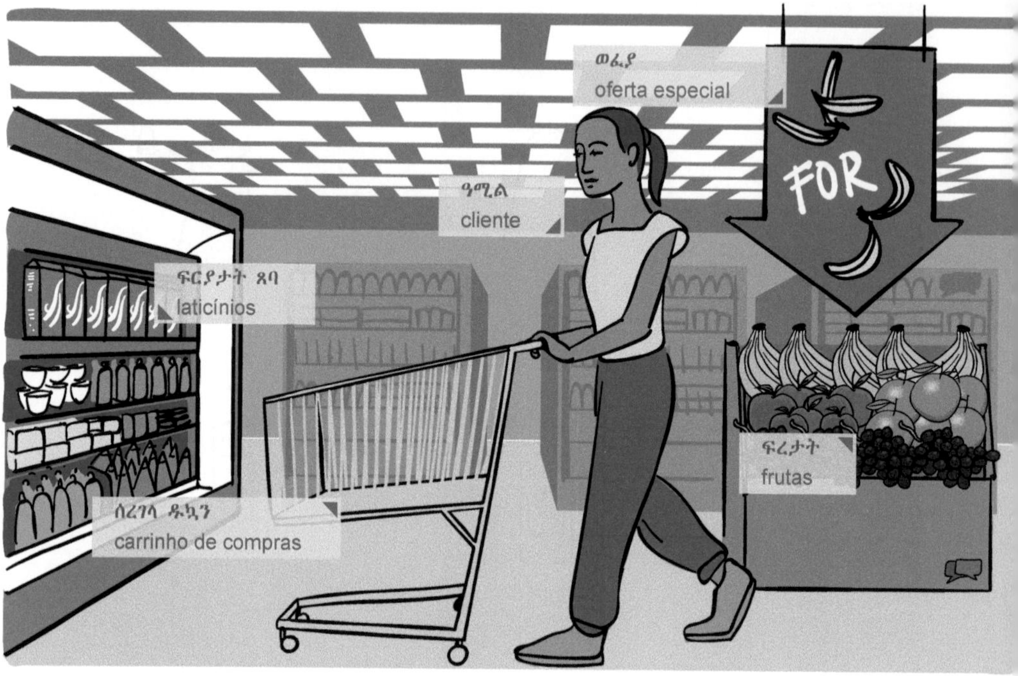

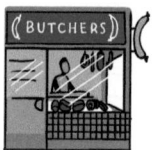

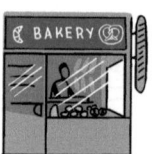

እንዳ ባኒ

padaria

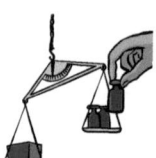

ክብደት

pesar

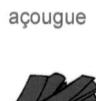

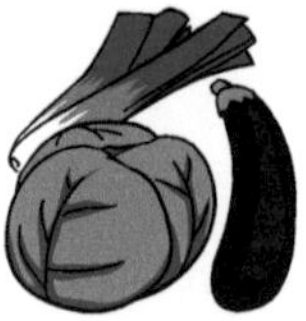

ኣሕምልቲ

legumes

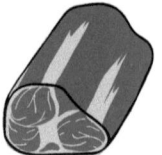

ስጋ

carne

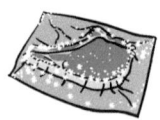

መግቢ ፍሪጅ በረድ

congelados

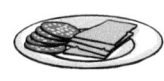

ዝሑል ቅሩብ መግቢ.

charcutaria

እስታጥላ

conservas

ኦሞ

detergente em pó

ምቁር መግቢ.

doces

ዘቤታውያን አቝሑ

artigos domésticos

ናውቲ መጽረዪ.

produtos de limpeza

ሸቃጣይ

vendedora

ካሳ

caixa

ተሓዚ ገንዘብ

caixa

ዝርዝር ምግዛእ

lista de compras

ክፉት ሰዓታት

horário de funcionamento

ማሕፉዳ

carteira

ክረዲት ካርድ

cartão de crédito

ሳንጣ

sacola

ፌስታል

saco plástico

ማይ

água

ጽማቍ

suco

ጸባ

leite

ኮላ

coca-cola

ነቢት

vinho

ቢራ

cerveja

አልኮል

álcool

ካካው

cacau

ሻሂ

chá

ቡን

café

ኤስፕረሶ

expresso

ካፑቺኖ

cappuccino

comida

ባናና

banana

ቱፋሕ

maçã

አራንሺ

laranja

ብርጭቆ

melão

ለሚን

limão

ካሮት

cenoura

ጸዕዳ ሽጉርቲ

alho

ባምቡስ

bambu

ሽጉርቲ

cebola

ቅንጣሻ

cogumelo

ፉል

nozes

ፓስታ

macarrão

ስፓገቲ

espaguete

ሩዝ

arroz

ሰላጣ

salada

ቅልዋ ድንሽ

batatas fritas

ቅሉው ድንሽ

batatas frias

ፒትሳ

pizza

ሃምቡርገር

hambúrger

ፓኒኖ

sanduíche

ቢስተካ

escalope

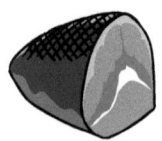

ሰለፍ ሓሰማ

presunto

ሳላሚ

salame

ግዕዝም

salsicha

ደርሆ

galinha

ቀለወ

assado

ዓሳ

peixe

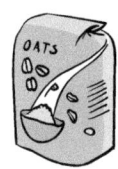

ገዓት
flocos de aveia

ሙስሊ
granola

ኮርንፍለይክስ
flocos de milho

ሓርጭ
farinha

ክሮሶን
croissant

ባኒ
pãozinho

ባኒ
pão

ቶስት
torrada

ብሽኰቲ
biscoitos

ጠስሚ
manteiga

ርግኦ
requeijão

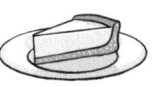

ፓስተ
bolo

እንቋቊሓ
ovo

ቅሉው እንቋቊሓ
ovo frito

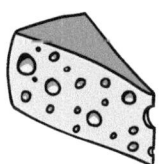

ፋርማጆ
queijo

አይስ ክሪም
....
sorvete

ሽኮር
....
açúcar

መዓር
....
mel

ጄም
....
geleia

ኑጋት-ክሪም
....
creme de avelãs

ኩሪ
....
curry

ቤት ሕርሻ
casa de fazenda

ሓሰር ቦንዳ
fardo de palha

መኽዘን
celeiro

ግራት
campo

ፈረስ
cavalo

ተስሓቢ.
reboque

ኢሎ
potro

ትራክተር
trator

ኣድጊ
burro

በጊዕ
ovelha

ዕየት
cordeiro

ጤል
cabra

ብዕራይ
vaca

ምራኽ
bezerro

ሓሰማ
porco

ውላድ ሓሰማ
leitão

ኣርሓ
touro

ዓዓ

....

ganso

ማይ ደርሆ

....

pato

ጫቑት

....

pintinho

ደርሆ

....

galinha

ኣርሓ ደርሆ

....

galo

ኣንጨዋ ዓባይ

....

ratazana

ድሙ

....

gato

ኣንጭዋ

....

camundongo

ብዕራይ

....

boi

ከልቢ

....

cachorro

ኣጒዶ ከልቢ

....

casinha do cachorro

ቱባ ጀርዲን

....

mangueira de jardim

መዝፈፊ ማይ

....

regador

ዓቢ ማዕጺድ

....

foice

ማሕረሻ

....

arado

ማዕጺድ
foice

ጭኳሮ
enxada

መስአ
forquilha

ፋስ
machado

ዓረብያ ኢድ
carrinho de mão

ጋብላ
manjedoura

ብርጭቆ ጸባ
jarra de leite

ከሻ
saco

ሓጹር
cerca

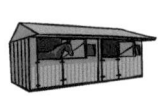

መንሰስ
estábulo

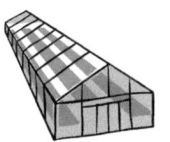

ቾጠልያ ገዛ
estufa

ባይታ
solo

ዘርኢ
semente

ድኵዒ
fertilizante

ዘጣምር ቀውዓይ
colheitadeira

ቀውዐ

colher

ጸማ

colheita

ድንሽ ያም

inhame

ስርናይ

trigo

ሶያ

soja

ድንሽ

batata

ዕፉን

milho

ራፕስ

colza

ገረብ ፍረታት

árvore frutífera

ማኒኦክ

mandioca

አእኻል

cereais

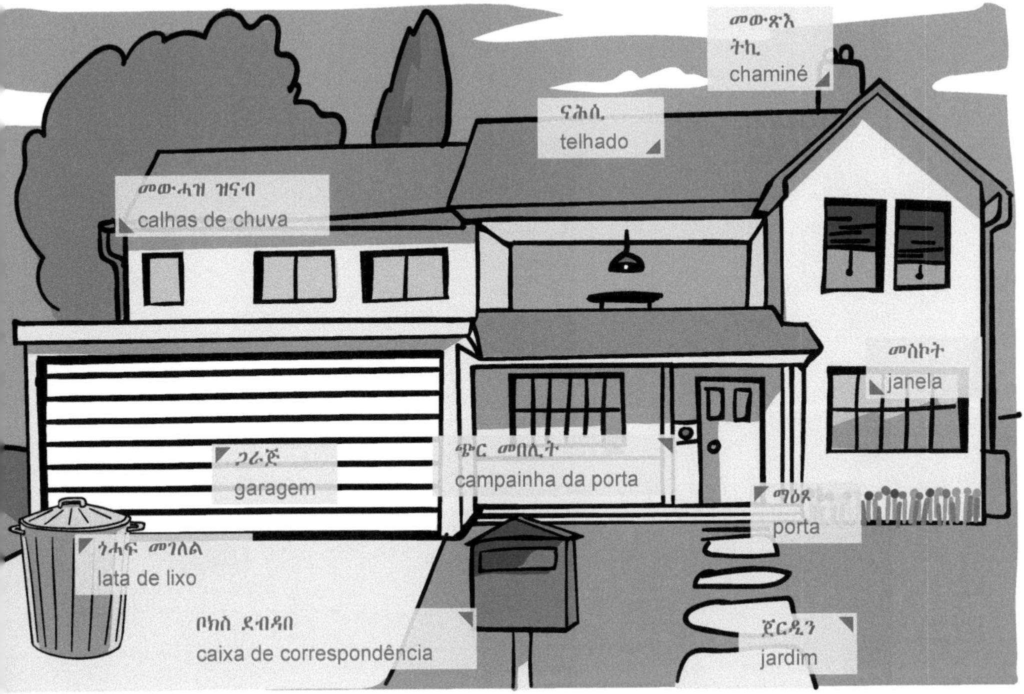

መውጹእ ትኪ
chaminé

ናሕሲ
telhado

መውሓዝ ዝናብ
calhas de chuva

መስኮት
janela

ጋራጅ
garagem

ኲር መበሊት
campainha da porta

ማዕጾ
porta

ጎሓፍ መገለል
lata de lixo

ቦክስ ደብዳበ
caixa de correspondência

ጀርዲን
jardim

ክፍሊ ምቕማጥ

sala de estar

ክፍሊ ባንዮ

banheiro

ክሽነ

cozinha

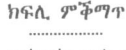

ክፍሊ መደቀሲ

quarto de dormir

ክፍሊ ቆልዑ

quarto de criança

መመገቢ ክፍሊ

sala de jantar

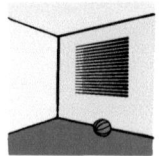

ባይታ
....
chão

መንደቅ
....
parede

ከቦርታ
....
teto

ካንቲና
....
porão

ሳውና
....
sauna

ባልኮን
....
varanda

ዛላ
....
terraço

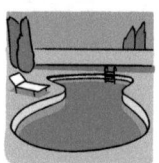

መሕምበሲ
....
piscina

መቑረጺ ሳዕሪ
....
cortador de grama

አንሶላ ዓራት
....
lençol

ከቦርታ ዓራት
....
coberta

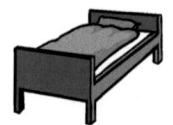

ዓራት
....
cama

መኾስተር
....
vassoura

መገለል
....
balde

መወልዒት
....
interruptor

ክፍሊ ምቕማጥ

sala de estar

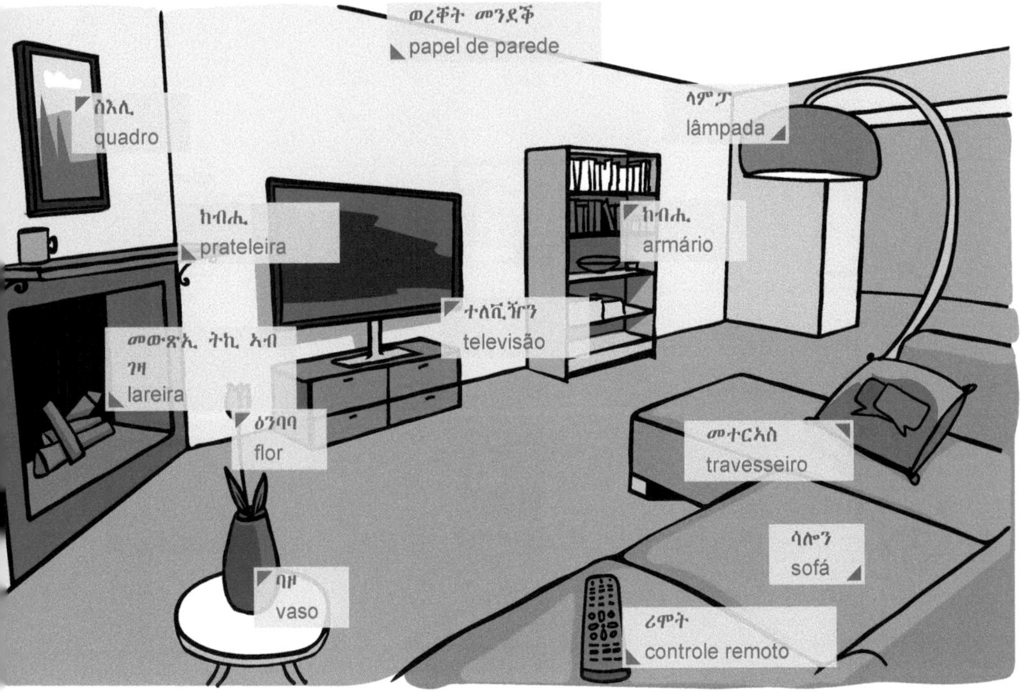
ወረቐት መንደቕ
papel de parede
ስእሊ
quadro
ላምፓ
lâmpada
ከብሒ
prateleira
ከብሒ
armário
ተለቪዥን
televisão
መውጽኢ ትኪ ኣብ ገዛ
lareira
ዕንባባ
flor
መተርኣስ
travesseiro
ሳሎን
sofá
ባዞ
vaso
ሪሞት
controle remoto

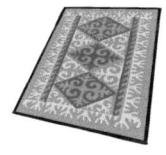

መንጸፍ

tapete

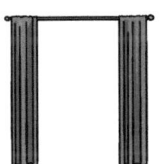

መጋረጃ

cortina

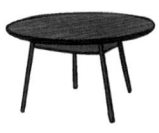

ጣውላ

mesa

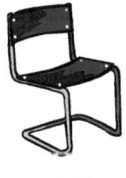

መንበር

cadeira

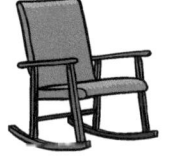

ሰለል ዝብል መንበር

cadeira de balanço

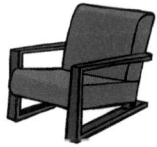

መንበር ምቹእ

poltrona

መጽሐፍ

livro

ከቦርታ

cobertor

ስልማት

decoração

እንጨይቲ ሓዊ

lenha

ፊልም

filme

ስተረዮ

equipamento de som

መፍትሕ

chave

ጋዜጣ

jornal

ቅብአ

pintura

ፖስተር

pôster

ረድዮ

rádio

ጥራዝ

bloco de notas

መልገሲ ደርና

aspirador

በለስ

cacto

ሸምዓ

vela

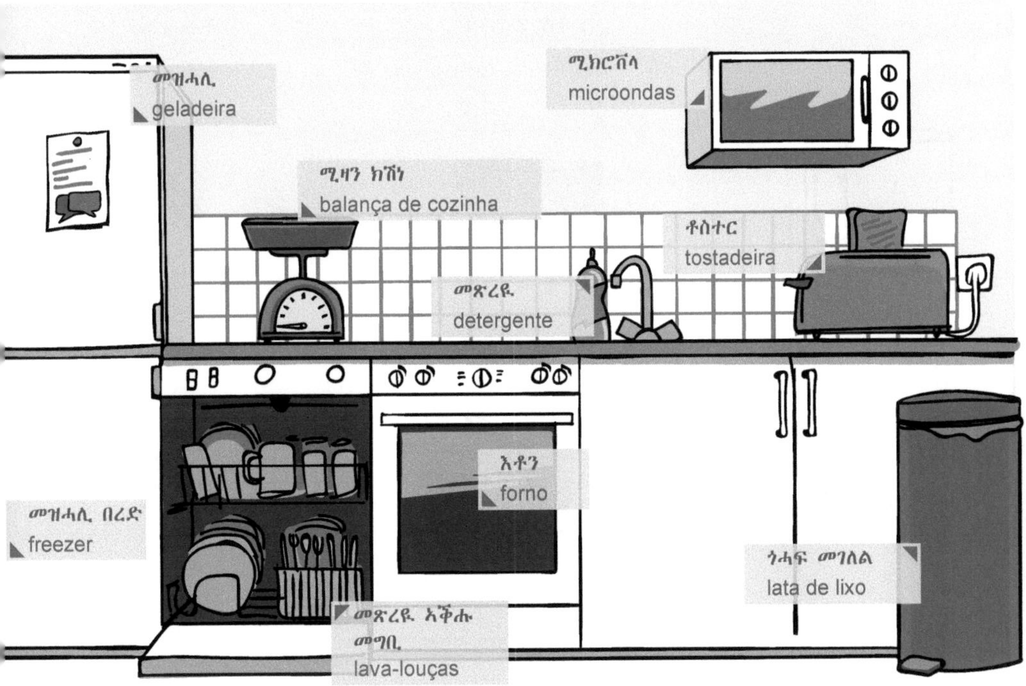

መዝሓሊ
geladeira

ሚክሮቨላ
microondas

ሚዛን ክሽነ
balança de cozinha

ቶስተር
tostadeira

መጽረዪ
detergente

መዝሓሊ በረድ
freezer

እቶን
forno

ጎሓፍ መገለል
lata de lixo

መጽረዪ አቕሑ
መግቢ
lava-louças

መኽሸኒ
fogão

ድስቲ
panela

ድስቲ ሓጺን
panela de ferro

ቖክ/ካዳይ
wok / kadai

ባደላ
frigideira

መውዓዪ ማይ
chaleira

መፍልሒ

panela a vapor

ጎንቴራ ምስንካት

tabuleiro de forno

ኣቝሑ መግቢ

louça

ብርጭቆ

caneca

ጭሓሎ

caçarola

ማንካቺና

hashi

ማንካ መረቕ

concha de sopa

መገልበጢ ባደላ

espátula

መኹስተር ውርጪ

batedor

መንፊት መግቢ

escorredor

መንፊት

peneira

መፋሕፍሒ

ralador

ሞርታር

almofariz

ባርቢክዩ

churrasqueira

ስፍራ ሓዊ

lareira

እንጨይቲ ምምታር
tábua de cortar

እንጨይቲ ኮረር
rolo da massa

መኽፈት ቡሽ
saca-rolhas

ታኒካ
lata

መኽፈቲ ታኒካ
abridor de latas

ጨርቂ ድስቲ
pegador de panela

ቡምባ
pia

አስባስላ
escova

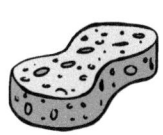

ሰፍነግ
esponja

ሓዋሲ አደባላቒ
liquidificador

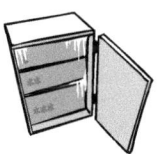

መዝሓሊ በረድ
congelador

ጥርሙዝ ማማይ
mamadeira

ቡምባ ማይ
torneira

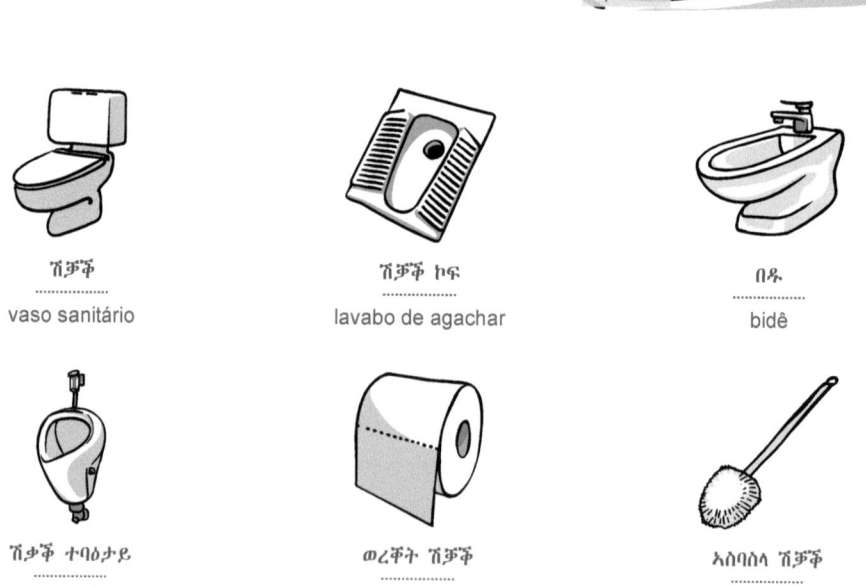

ክፍሊ ባንዮ

banheiro

መውዓዪ
aquecimento
ሽጎማኖ
toalha
መሕጸቢ ሻወር
ducha
ሻወር መጋረጃ
cortina de chuveiro
መሕጸቢ ዓፍራ
banho de espuma
ባንዮ መሕጸቢ
banheira
ብኬሪ
copo
ሓጻቢት
lava-roupa
ቡምባ ማይ
torneira
ማቶኔላ
azulejos
ድስቲ
penico
ቡምባ
pia

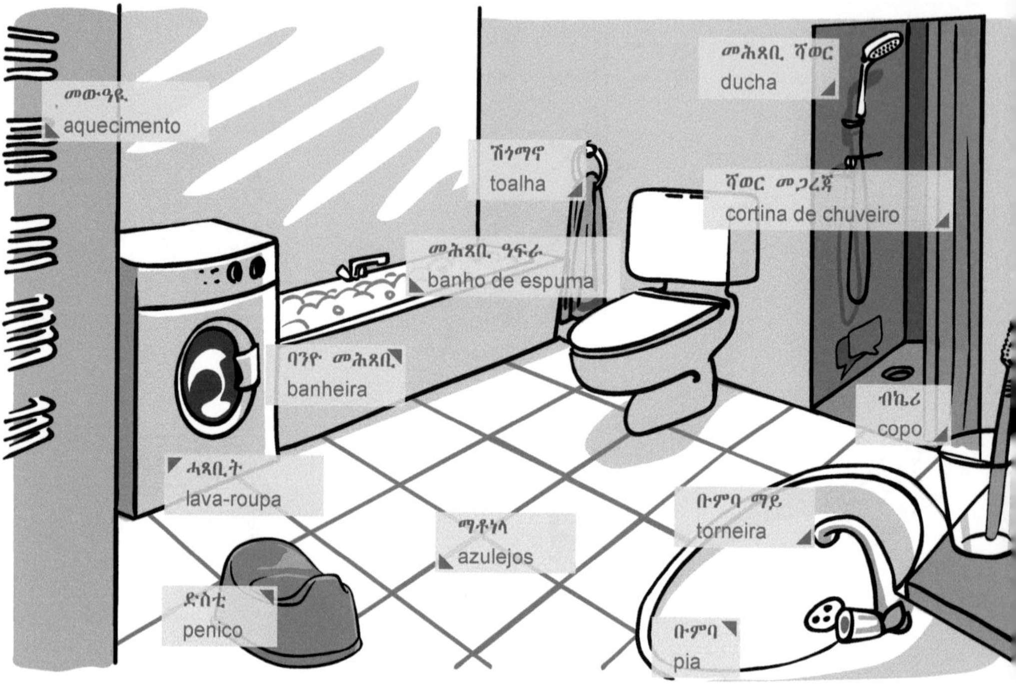

ሽቓቕ

vaso sanitário

ሽቓቕ ኮፍ

lavabo de agachar

በዴ

bidê

ሽቓቕ ተባዕታይ

mictório

ወረቐት ሽቓቕ

papel higiênico

ኣስባስላ ሽቓቕ

escova de privada

አስባስላ ስኒ

escova de dentes

ክረማ ስኒ

pasta de dentes

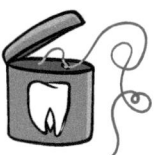

ሃሪ ስኒ

fio dental

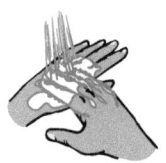

ሓጸበ

lavar

ዱሽ ኢድ

ducha de mão

ዱሽ

ducha íntima

ብርጭቆ ምሕጻብ

bacia

አስባስላ ሕቖ

escova para as costas

ሳምና

sabonete

ሻወር ጀል

gel de banho

ሻምፖ

xampu

ጨርቂ መሕጸቢ

toalha de rosto

መውሓዚ

escoamento

ክረማ

creme

ደዮ ጨና

desodorante

መስትያት

espelho

ናይ ኢድ መስትያት

espelho de mão

መላጸ

barbeador

ዓፍራ ምልጻይ

espuma de barbear

ጨና ድሕሪ ምልጻይ

loção pós-barba

መመሸጥ

pente

አስባስላ

escova

መንቆጿ ጸጉሪ

secador de cabelo

ስፕረይ ጸጉሪ

spray de cabelo

መመላኽዒ

maquiagem

ብርዒ ቀለም ከንፈር

batom

አዝማልቶ

esmalte de unhas

ጸምሪ ጡጥ

algodão

መስደዲ ጽፍሪ

tesoura para unhas

ጨና

perfume

ሳንጣ መሕጸቢ
nécessaire

ድኳ
banquinho

ሚዛን
balança

ክዳን መሕጸቢ
roupão de banho

ጓንቲ መጸረዩ
luvas de borracha

ታምፖን
absorvente interno

ጨርቂ ሰበይቲ
absorvente íntimo

ሽቓቝ ከሚስትሪ
banheiro químico

ክፍሊ ቆልዑ

quarto de criança

ኣላርም መተስኢ
despertador
መጻወቲ እንስሳ
boneco de pelúcia
መጻወቲ መኪና
carrinho de brinquedo
ኳሕኳሕ መበሊ
chacoalho
ቤት ባምቡላ
casa de bonecas
ህያብ
presente

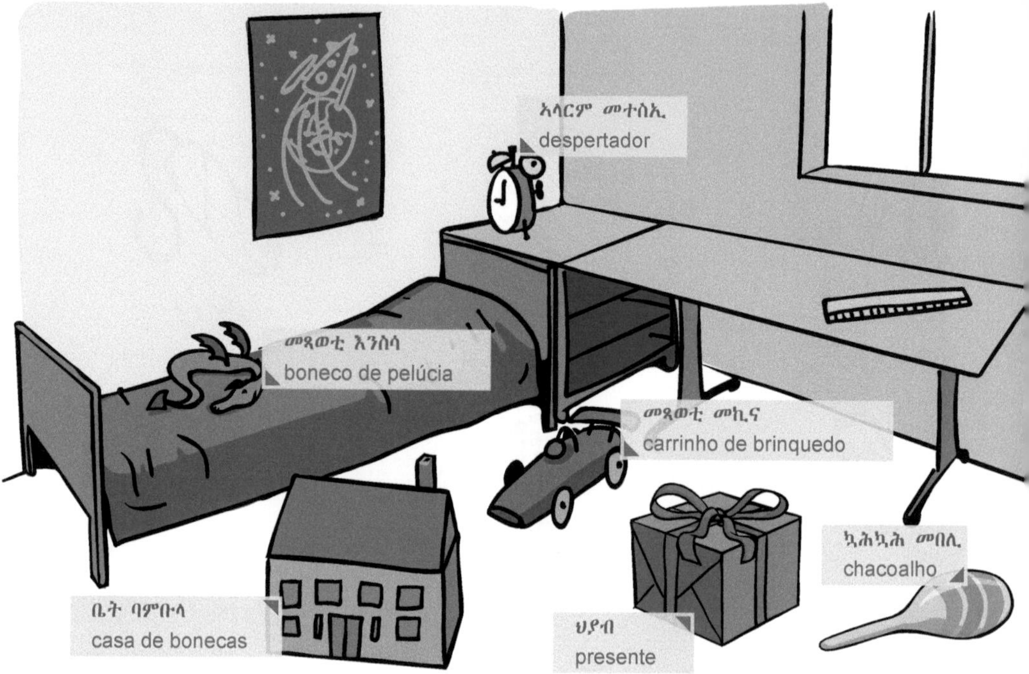

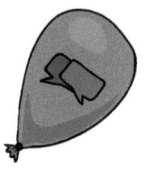

ባላንችና
balão

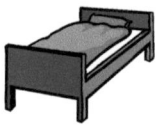

ዓራት
cama

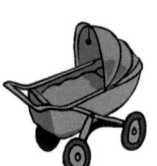

ሰረገላ ህጻን
carrinho de bebê

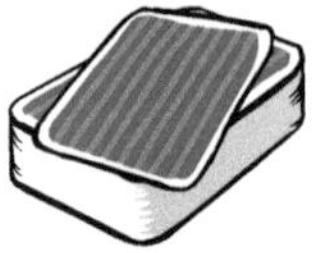

ጸወታ ካርታ
jogo de cartas

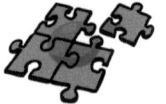

ሕንቅሊተይ
quebra-cabeças

ኮሜዲ
revista de quadrinhos

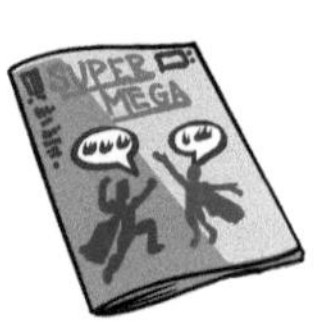

እምንታት መጻወቲ ለጎ

peças de Lego

መጻወቲ እምንታት

blocos de construção

በዓል አክቸን

figura de ação

ክዳን ማማይ

macaquinho de bebê

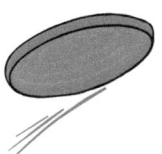

ፍሪስቢ

frisbee

ሞባይል ማማይ

móbile para bebé

ጸወታ ሰሌዳ

jogo de tabuleiro

ኩቦ

dados

ሞደል ባቡር ምድሪ

trenzinho elétrico

ዓባስ

chupeta

ፓርቲ

festa

መጽሓፍ ስእሊ

livro ilustrado

ኩዕሶ

bola

ባምቡላ

boneca

ተጻወተ

brincar

ክፍሊ ቆልዑ - quarto de criança

መጻወቲ ሑጻ

caixa de areia

ሰላል

balanço

መጻወቲታት

brinquedos

ኮንሶል ቪድዮ

videogame

መጻወቲ ሰለስተ መንኮርኮር

triciclo

ተዲ

ursinho de pelúcia

ከብሒ ክዳን

guarda-roupa

ክዳን

vestuário

ካልስታት

meias

ነዊሕ ካልስታት

meias pelo joelho

ስረ ካልሲ

meias-calças

ሻርባ
cachecol

ጽላል
guarda-chuva

ማልያ
camiseta

ቁልፊ
cinto

ስኒከርስ
tênis

ረፋዕ
botas

ጫማ ገዝ
chinelos

ሽበጥ
sandálias

ጫማ
sapatos

ረፋዕ ጎማ
botas de borracha

ሙታንታ
roupa de baixo

ክዳን ጡብ
sutiã

ትሕተ ካሚቻ
camiseta de baixo

ቦዲ
....
body

ስራ
....
calças

ጂንስ
....
jeans

ቀምሽ
....
saia

ካምቻ
....
blusa

ካሚቻ
....
camisa

ጉልፎ
....
pulôver

ጎልፎ
....
suéter com capuz

ጃኬት
....
blazer

ጃከት
....
jaqueta

ጁባ
....
casaco

ክዳን ዝናብ
....
gabardine

ኮስቱም
....
traje

ቀምሽ
....
vestido

ቀምሽ መርዓ
....
vestido de casamento

ልብሲ.

terno

ካሚቻ ለይቲ

camisola

ክዳን ለይቲ

pijama

ሳሪ

sari

መሃረብ ርእሲ.

lenço de cabeça

ቱርባን

turbante

ቡርካ

burca

ካፍታን

cafetã

ኣባያ

abaya

ክዳን መሕምበሲ.

maiô

ስረ መሕምበሲ.

sunga

ሓጺር ስረ

shorts

ክዳን ታዕሊም

roupa de treino

በጃ ክዳን

avental

ንንቲ

luvas

መልጎም
botão

መነጽር
óculos

በነናጀር
pulseira

ማዕተብ
colar

ቀለበት
anel

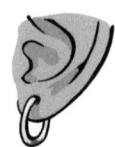

ኩትሻ
brinco

ቆብዕ
boné

መንበሪ ጁባ
cabide

ባርኔጣ
chapéu

ካራሻት
gravata

ሻርኔጣ
zíper

ህልመት
capacete

መድልደል ስረ
suspensórios

ድቢዛ ቤትትምህርቲ
uniforme escolar

ድቢዛ
uniforme

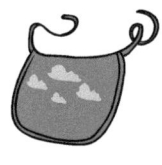

ሰደርያ ቆልዓ

babador

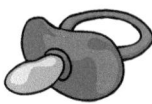

ዓባስ

chupeta

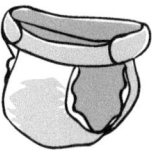

ጨርቂ ማማይ

fralda

ቤት ጽሕፈት
escritório

ሰርቨር
servidor
ከብሒ ሰነድ
armário de arquivos
ፕሪንተር
impressora
ወረቐት
papel
ሞኒቶር
monitor
ጣውላ ምጽሓፍ
escrivaninha
እንጭዋ
mouse
ሓቛፊ
pasta
ኪቦርድ
teclado
ጎሓፍ ወረቐት
cesto de lixo
ኮምፒተር
computador
መንበር
cadeira

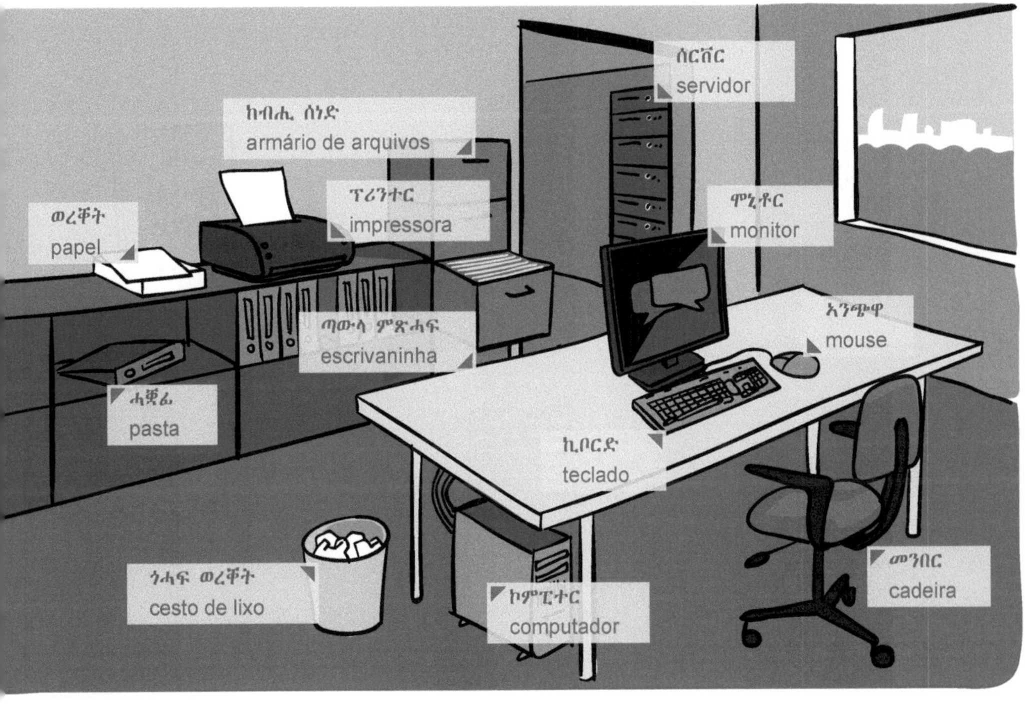

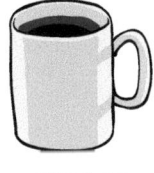

ብርጭቆ ቡን

xícara de café

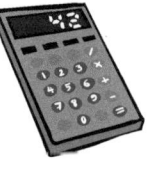

ካልኩለተር

calculadora

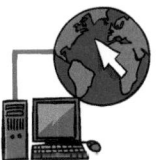

ኢንተርነት

internet

ለፕቶፕ

laptop

ደብዳበ

carta

መልእኽቲ

mensagem

ሞባይል

celular

ነትወርክ/መርበብ

rede

መቅድሒ ፎቶኮፒ

copiadora

ሶፍትዌር

software

ተለፎን

telefone

ሶከት ኳረንቲ

tomada

ፋክስ

fax

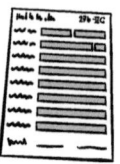

ፎርም

formulário

ሰነድ

documento

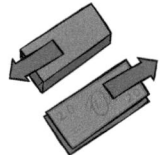

ገዛእ

comprar

ከፈለ

pagar

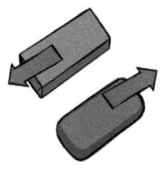

ንግዲ

negociar

ገንዘብ

dinheiro

ዶላር

Dólar

ኣይሮ

Euro

የን

Yen

ሩብል

rublo

ስዊዝ ፍራንከን

franco suíço

ረንሚንቢ ዩዋን

renminbi yuan

ሩፕየ

rupia

መውጽኢ ማሽን ገንዘብ

caixa eletrônico

ቦታ ቅያር ገንዘብ

casa de câmbio

ወርቂ

ouro

ብሩር

prata

ዘይቲ

petróleo

ሓይሊ

energia

ዋጋ

preço

ውዕል

contrato

ቀረጽ

imposto

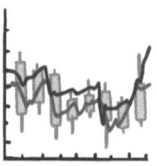

እኩብ ጥረ-ነገራት

ação

ሰርሐ

trabalhar

ሰራሕተኛ

empregado

አስራሒ

empregador

ትካል

fábrica

ዱኳን

loja

ሞያታት

profissões

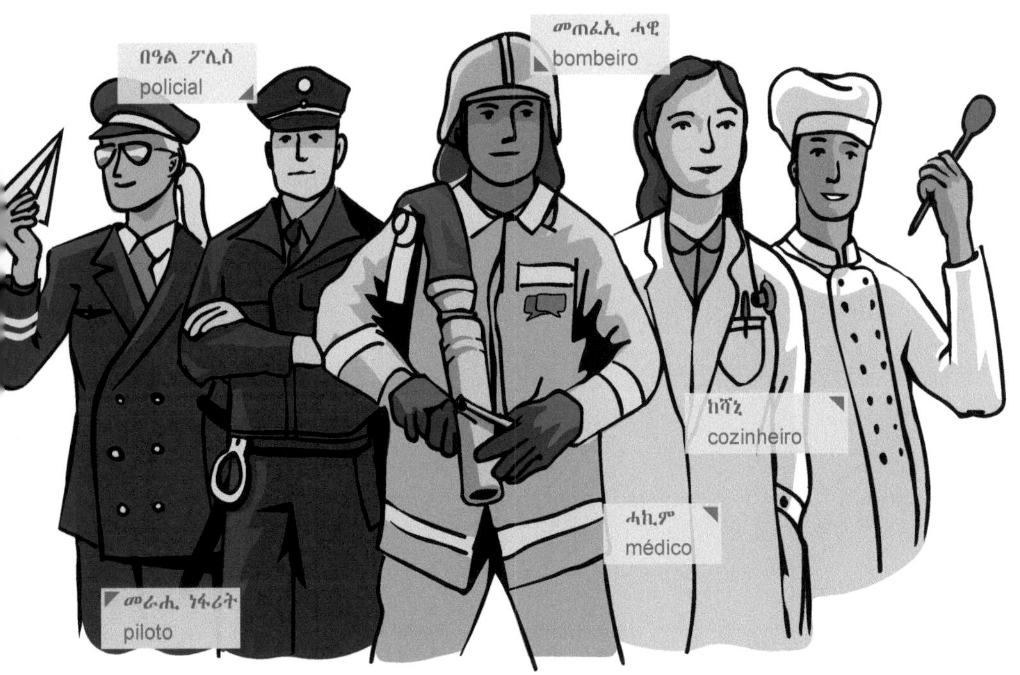
በዓል ፖሊስ
policial
መጠፊኢ ሓዊ
bombeiro
ከሻኒ
cozinheiro
ሓኪም
médico
መራሒ ነፋሪት
piloto

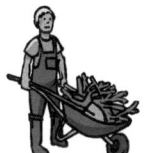

ሰራሕተኛ ጀርዲን

jardineiro

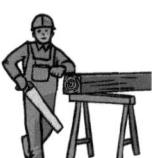

ጸራቢ ዕንጸይቲ

marceneiro

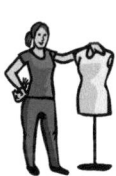

ሰፋይት

costureira

ፈራዳይ

juiz

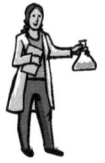

ቀማሚ

químico

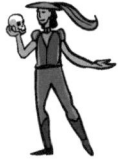

ተዋሳኢ

ator

መራሒ አዉቶቡስ

motorista de ônibus

አዉቲስታ ታክሲ

motorista de táxi

ገፋፊ ዓሳ

pescador

ጸራጊት

faxineira

ሃናጻይ ናሕሲ

telhador

አሰላፊ

garçom

ሃዳናይ

caçador

ሰአላይ

pintor

እንዳ ሕብስቲ

padeiro

ኤለትሪከኛ

eletricista

ሃናጺ አባይቲ

construtor

ሃንዳሲ

engenheiro

ሰራሕተኛ እንዳ ስጋ

açougueiro

ድራብሊኮ

encanador

አማላላሲ ፖስጣ

carteiro

ወተሃደር
....
soldado

መሃንድስ
....
arquiteto

ተሓዝ ገንዘብ
....
caixa

ሰራሕተኛ ዕምባባ
....
florista

ቀም ቃማይ
....
cabelereiro

ፈተሪዎ
....
condutor

መካኒክ
....
mecânico

መራሒ መርከብ
....
capitão

ሓኪም ስኒ
....
dentista

ተመራማሪ
....
cientista

ራቢ
....
rabino

ኢማም
....
imam

ፈላሲ
....
monge

ቀሺ
....
pastor

ሞያታት - profissões

ferramentas

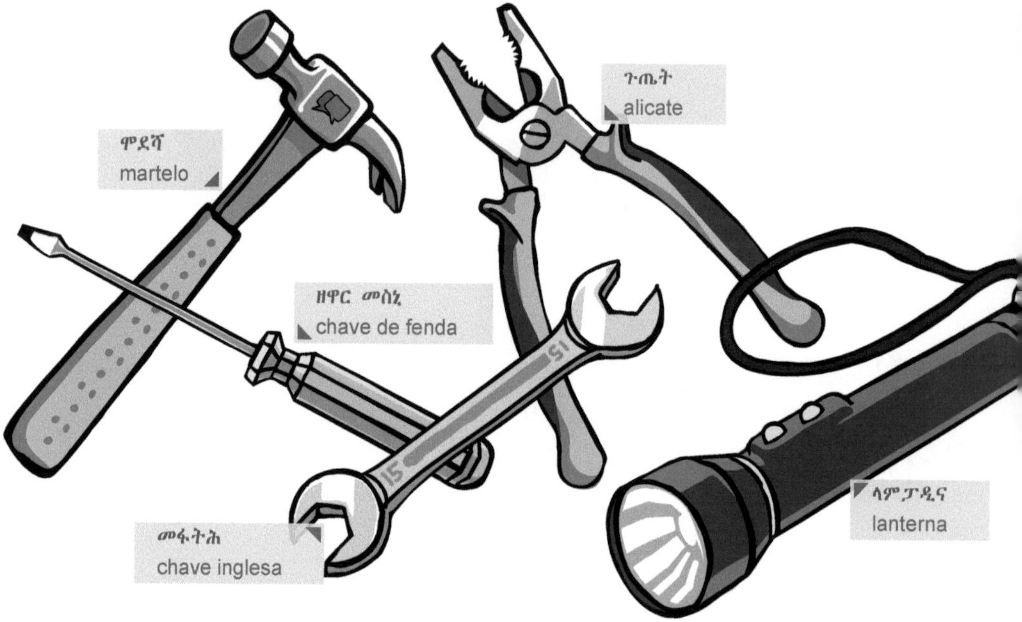

ሞደሻ
martelo

ጉጤት
alicate

ዘዋር መስኒ
chave de fenda

መፍትሕ
chave inglesa

ላምፓዲና
lanterna

ፌሓሪ

escavadora

ናውቲ ቦክስ

caixa de ferramentas

መደያይቦ

escada de mão

መጋዝ

serra

መስማር

pregos

ኩዓቲ

furadeira

ምዕራይ
....
consertar

ባደላ
....
pá

አይ!
....
Droga!

መትሓዚ ዶሮና
....
pá de lixo

ድስቲ ቀለም
....
pote de tinta

ካቻቢተ
....
parafusos

መሳርሒ ሙዚቃ

instrumentos musicais

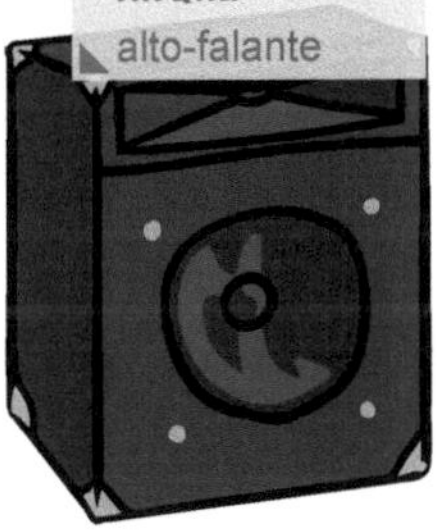

ከበሮታት
bateria

እስፒከር
alto-falante

ጊታር
guitarra

ረጉድ ዓባይ
ጊታር
contrabaixo

ትሮምፐት
trompete

ፒያኖ

piano

ቫዮሊን

violino

ባስ ጊታር

baixo

ቲምንኢ

timbales

ከበሮ

tambor

ኦርጋን

teclado

ሳክሶፎን

saxofone

ሻምብቆ

flauta

ሚክሮፎን

microfone

መካነ እንስሳታት
zoológico

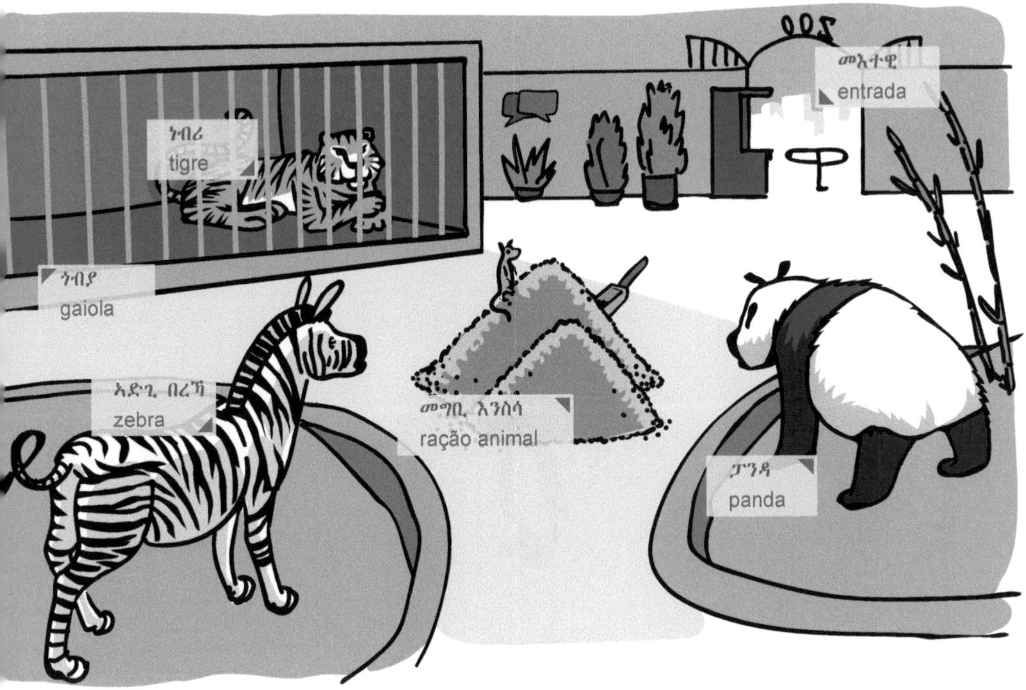
ነብሪ
tigre
መእተዊ
entrada
ጎብያ
gaiola
ኣድጊ በረኻ
zebra
መግቢ እንስሳ
ração animal
ፓንዳ
panda

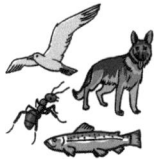

እንስሳታት
animais

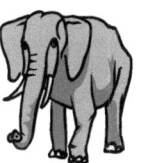

ሓርማዝ
elefante

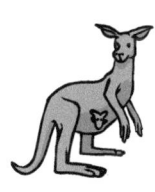

ካንጋሩ
canguru

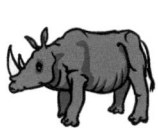

ሓሪሽ
rinoceronte

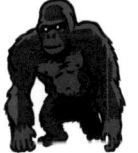

ጉሪላ
gorila

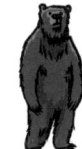

ድቢ
urso

ገመል
camelo

ሰገን
avestruz

አንበሳ
leão

ህበይ
macaco

ፍላሚንጎ
flamingo

ሕንጻይ
papagaio

ድቢ በረድ
urso polar

ፐንጉን
pinguim

ክልቢ ዓሳ
tubarão

ጣውስ
pavão

ተመን
cobra

ሓርገጽ
crocodilo

ሓላዊ ቤት ገርድሽ
guarda do zoológico

ዓሳ ዚምገብ እንስሳ ባሕሪ
foca

ጃጓር
jaguar

ሓጹር ፈረስ

pônei

ነብሪ

leopardo

ጉማሬ

hipopótamo

ጄራፍ

girafa

ሊላ

águia

መፍለስ

javali

ዓሳ

peixe

ጎብየ

tartaruga

ዋልሩስ

morsa

ወኽርያ

raposa

ሰሰሓ

gazela

ናይ አሜሪካ ኩዕሶ እግሪ
futebol americano

ምዝዋር ብሽግለታ
ciclismo

ተኒስ
tênis

ባስኬትባል
basquete

ምሕምባስ
natação

ሆኪ በረድ
hóquei no gelo

ቦክሲንግ
boxe

ኩዕሶ እግሪ
futebol

ባድሚንቶን
badminton

እስፖርታዊ ንጥፈታት
atletismo

ኩዕሶ ኢድ
handebol

ስኪ
esqui

ፖሎ
polo

ሰሓቍ
rir

ነጠረ
pular

ሓቖፈ
abraçar

ከደ
andar

ደረፈ
cantar

ሓለመ
sonhar

ጸለየ
rezar

ሰዓመ
beijar

ጸሓፈ	ሰኣለ	ኣርአየ
escrever	desenhar	mostrar

ደፍአ	ሃበ	ወሰደ
empurrar	dar	tomar

አለወ
ter

ገበረ
fazer

ኮነ
ser

ጠጠው በለ
ficar de pé

ጎየየ
correr

ሰሓበ
puxar

ሰንደወ
jogar

ወደቐ
cair

ሓሰወ
deitar

ተጸበየ
esperar

ሰከም
carregar

ኮፍ በለ
sentar

ተኸድነ
vestir

ደቀሰ
dormir

ተስአ
despertar

ረአየ
....
olhar para

በኸየ
....
chorar

ብኣጻብዑ ደረዘ
....
acariciar

መሽጠ
....
pentear

ተዛረበ
....
falar

ተረድአ
....
entender

ሓተተ
....
perguntar

ሰምዐ
....
ouvir

ሰተየ
....
beber

በልዐ
....
comer

አቐመጠ
....
arrumar

አፍቀረ
....
amar

ከሽነ
....
cozinhar

ዘወረ
....
dirigir

ነፈረ
....
voar

ብመርከብ ገየሽ

velejar

ደመረ

calcular

አንበበ

ler

ተመሃረ

aprender

ሰርሐ

trabalhar

መርዓወ

casar

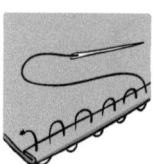

ሰፈየ

costurar

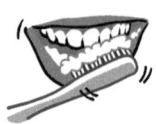

ጽሬት አስናን

escovar os dentes

ቀተለ

matar

ሽጋራ ተከሽ

fumar

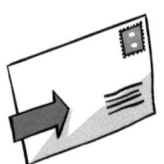

ሰደደ

enviar

ዓባየ
avó

አቦሓጎ
avô

አቦ
pai

አደ
mãe

ማማይ
bebê

ጓል
filha

ወዲ
filho

ጋሻ

convidado

ሓትኖ

tia

አኮ

tio

ሓው

irmão

ሓፍቲ

irmã

ኣካላት

corpo

ግንባር
testa
ዓይኒ
olho
መንኩብ
ombro
ኣጻብዕ
dedo
ገጽ
rosto
መንከስ
queixo
ኢድ
mão
ኣፍ-ልቢ
peito
ሽፋን እግሪ
perna
ምናት
braço

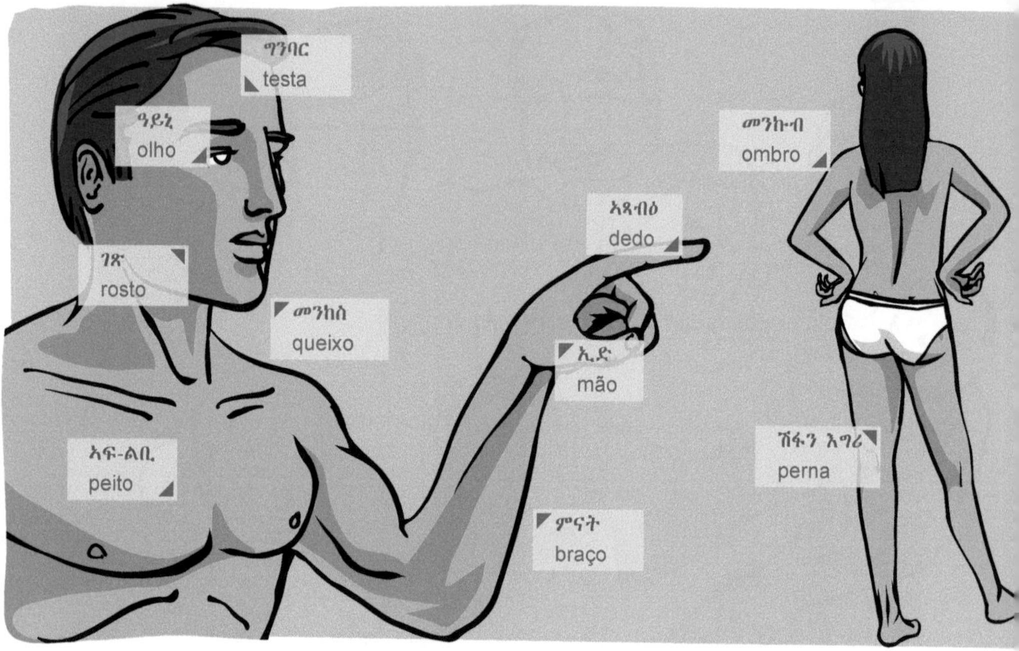

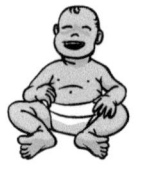

ማማይ

bebê

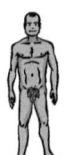

ሰብኣይ

homem

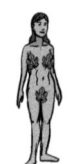

ሰበይቲ

mulher

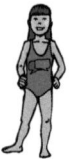

ጓል

menina

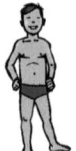

ወዲ

menino

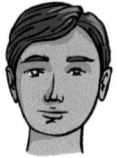

ርእሲ

cabeça

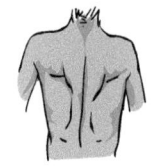

ሕቖ
costas

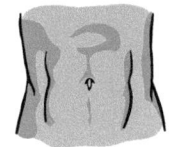

ከስዐ
barriga

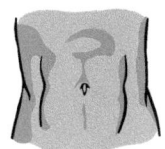

ሕምብርቲ
umbigo

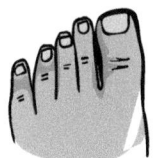

አጻብዕ እግሪ
dedo do pé

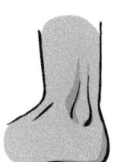

ኩርኹረ
calcanhar

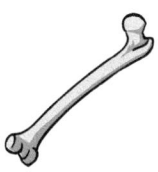

ዓጽሚ
osso

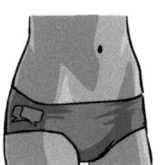

ምሕኮልቲ
anca

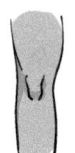

ብርኪ
joelho

ፍግፍጐ
cotovelo

አፍንጫ
nariz

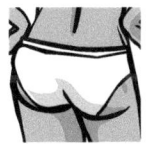

መዓኮር
nádegas

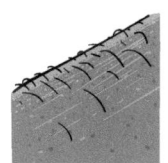

ቆርበት
pele

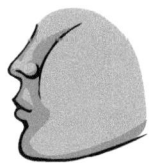

ምዕጉርቲ
bochecha

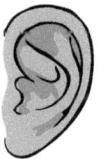

እዝኒ
orelha

ከንፈር
lábio

አፍ
boca

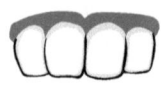

ስኒ
dente

መልሓስ
língua

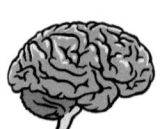

ሓንጎል
cérebro

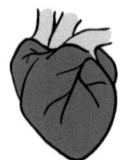

ልቢ
coração

ጭዋዳ
músculo

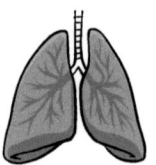

ሳንቡእ
pulmão

ጸላም ከብዲ
fígado

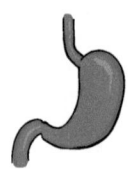

ከብዲ
estômago

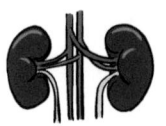

ኩሊት
rins

ግብረ ስጋ
relações sexuais

ኮንዶም
preservativo

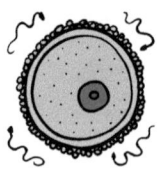

እንቋቍሓ
óvulo

ዘርኢ ተባዕታይ
esperma

ጥንሲ
gravidez

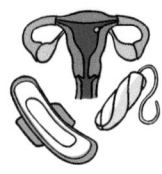

ጽግያት
menstruação

ርሕሚ
vagina

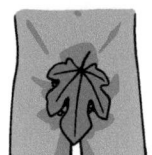

መትሎ
pênis

ሽፋሽፍቲ
sobrancelha

ጸግሪ
cabelo

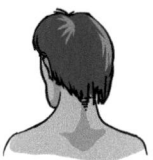

ክሳድ
pescoço

ሆስፒታል
hospital

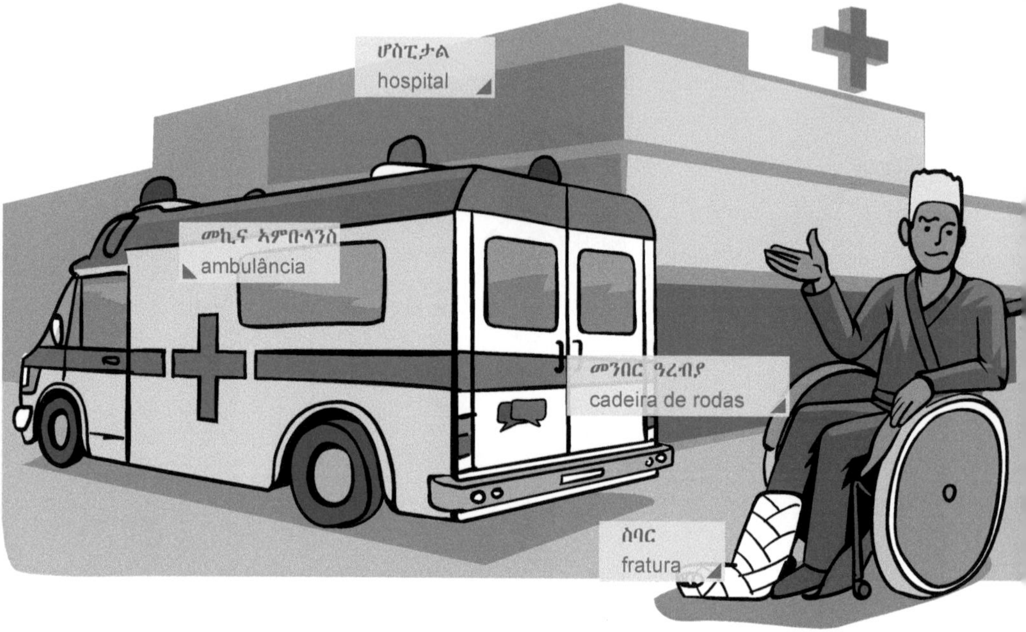

ሆስፒታል
hospital
መኪና ኣምቡላንስ
ambulância
መንበር ዓረብያ
cadeira de rodas
ስባር
fratura

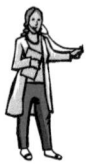

ሓኪም

médico

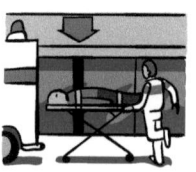

ክፍሊ ህጹጽ ረድኤት

pronto-socorro

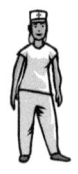

ኣላይት

enfermeira

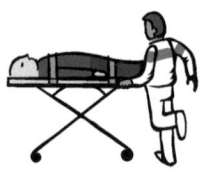

ህጹጽ ኩነት

emergência

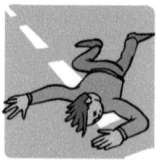

ውነኡ ዘጥፍአ

inconsciente

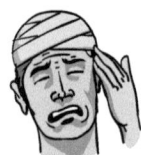

ቃንዛ

dor

ጉድኣት

ferimento

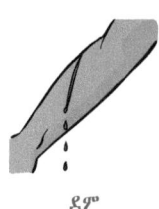

ደም

hemorragia

ማህረምቲ

ataque cardíaco

ማህረምቲ

acidente vacular cerebral

አለርጂ

alergia

ሰዓል

tosse

ረስኒ

febre

ኢንፍልወንዛ

gripe

ውጽኣት

diarreia

ቃንዛ ርእሲ

dor de cabeça

መንሽሮ

câncer

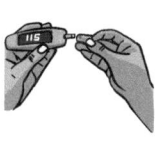

ሹኮርያ

diabetes

ሓኪም መጥባሕቲ

cirurgião

መጥብሒ

bisturi

መጥባሕቲ

operação

CT
CT

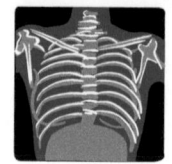

ራጀ
raio x

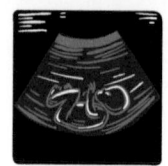

ልዕለ ድምጻዊ
ultrassom

መሸፈኒ ገጽ
máscara

ሕማም
doença

ክፍሊ ምጽባይ
sala de espera

ምርኩስ
muleta

መጀነኒ ቁስሊ
bandeide

መጀነኒ
ligadura

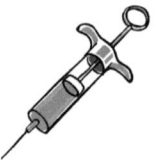

መርፍዕ ምውጋእ
injeção

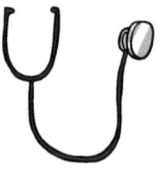

ስተቶስኮፕ
estetoscópio

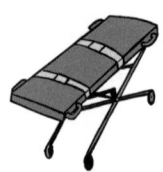

መስከሚ ሕማም
maca

ቴርሞመተር
termômetro

ትውልዲ
nascimento

ልዕለ-ሚዛን
excesso de peso

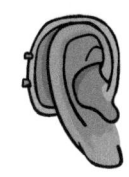

ሓገዝ ምስማዕ
....
aparelho auditivo

ኣንጻሂ
....
desinfetante

ልብዳ
....
infecção

ቫይረስ
....
vírus

ኤድስ
....
HIV / AIDS

ሕክምና
....
medicamento

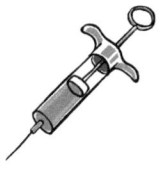

ክታብ
....
vacinação

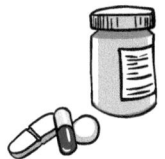

ክኒን
....
comprimidos

ክኒን
....
pílula

ህጹጽ ምድዋል
....
chamada de emergência

መዕቀኒ ጸቕጢ ደም
....
dispositivo de medição de
pressão arterial

ሕሙም / ጥዑይ
....
doente / saudável

ሓገዝ

Socorro!

ኣላርም

alarme

ምህጃም

assalto

መጥቃዕቲ

ataque

ድንገት

perigo

ህጹጽ መውጽኢ

saída de emergência

ሓዊ!

Fogo!

መጥፍኢ ሓዊ

extintor de incêndios

ሓደጋ

acidente

ሳንጣ ቀዳማይ ረድኤት

maleta de primeiros
socorros

SOS

SOS

ፖሊስ

polícia

ኤውሮጳ
....
Europa

ሰሜን አመሪካ
....
América do Norte

ደቡብ አመሪካ
....
América do Sul

አፍሪቃ
....
África

ኤስያ
....
Ásia

አውስትራልያ
....
Austrália

አትላንቲክ
....
Atlântico

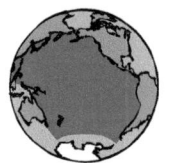

ፓሲፊክ
....
Pacífico

ህንዳዊ ዉቅያኖስ
....
Oceano Índico

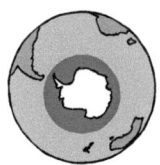

አንታርቲካዊ ዉቅያኖስ
....
Oceano Antártico

አርክቲካዊ ዉቅያኖስ
....
Oceano Ártico

ሰሜናዊ ዋልታ
....
Polo Norte

ደቡባዊ ዋልታ

Polo Sul

አንታርቲካ

Antártica

ምድሪ

Terra

መሬት

terra

ባሕሪ

mar

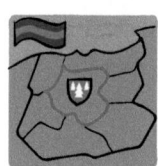

ደሴት

ilha

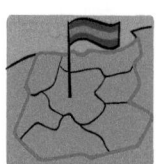

ሃገር

nação

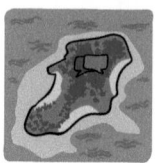

ዓዲ

estado

ገጽ ሰዓት

mostrador do relógio

አመልካቺ ሰዓታት

ponteiro das horas

አመልካቺ ደቃይቅ

ponteiro dos minutos

አመልካቺ ካልኢት

ponteiro dos segundos

ሰዓት ክንደይ አሎ?

Que horas são?

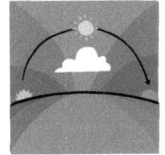

መዓልቲ

dia

ግዜ

tempo

ሕጂ

agora

ዲጊታል ሰዓት

relógio digital

ደቒቕ

minuto

ሰዓት

hora

semana

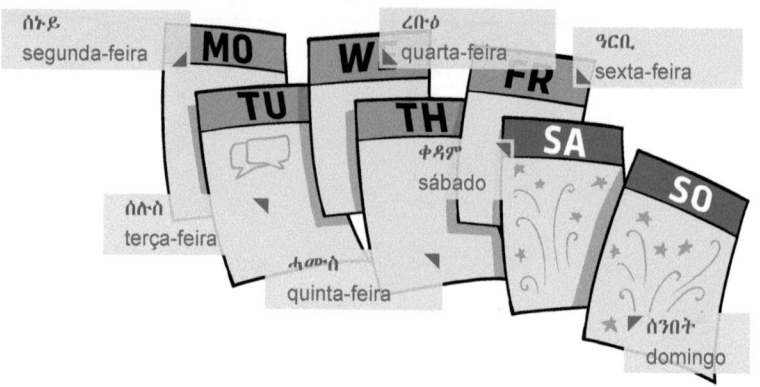

ሰኑይ
segunda-feira

ሰሉስ
terça-feira

ረቡዕ
quarta-feira

ሓሙስ
quinta-feira

ዓርቢ
sexta-feira

ቀዳም
sábado

ሰንበት
domingo

ትማሊ
....
ontem

ሎሚ
....
hoje

ጽባሕ
....
amanhã

ንጎሆ
....
manhã

ቀትሪ
....
meio-dia

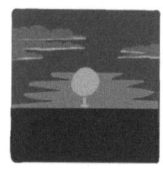

ምሸት
....
entardecer

MO	TU	WE	TH	FR	SA	SU
1	2	3	4	5	6	7
8	9	10	11	12	13	14
15	16	17	18	19	20	21
22	23	24	25	26	27	28
29	30	31	1	2	3	4

መዓልታት ስራሕ
....
dias úteis

MO	TU	WE	TH	FR	SA	SU
1	2	3	4	5	6	7
8	9	10	11	12	13	14
15	16	17	18	19	20	21
22	23	24	25	26	27	28
29	30	31	1	2	3	4

መወዳእታ ሰሙን
....
fim de semana

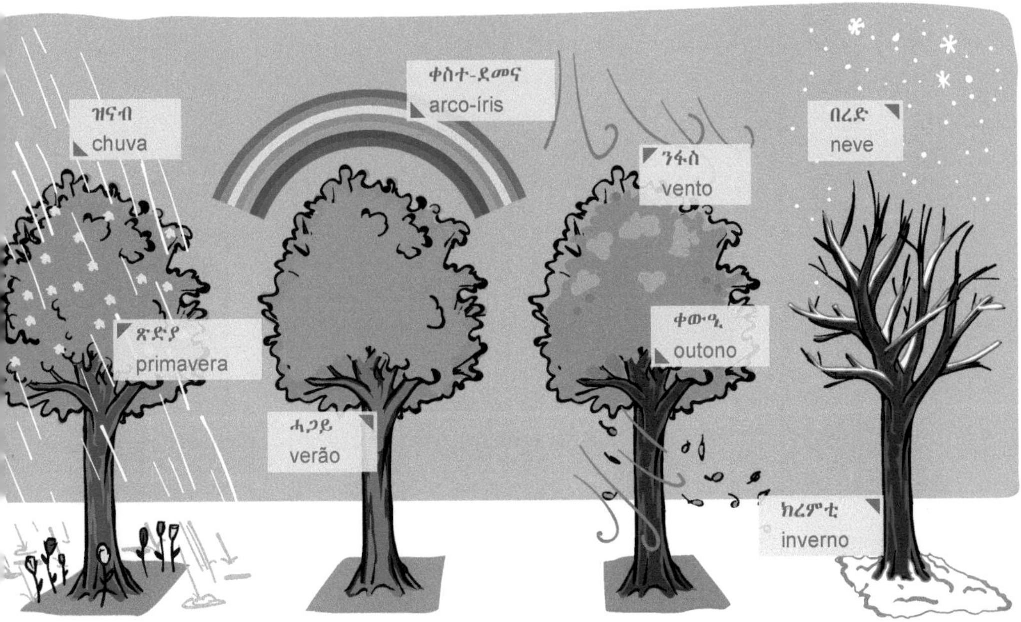

ዝናብ
chuva
ቀስተ-ደመና
arco-íris
በረድ
neve
ንፋስ
vento
ጽድያ
primavera
ቀውዒ
outono
ሓጋይ
verão
ክረምቲ
inverno

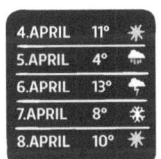

4.APRIL 11°
5.APRIL 4°
6.APRIL 13°
7.APRIL 8°
8.APRIL 10°

ትንቢት ኩነታት ኣየር

previsão do tempo

F C
120 40
90 30
60 20
30 10
0 0
-30 -10
-20

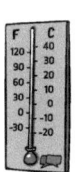

ቴርሞመተር

termômetro

ብርሃን ጸሓይ

raio de sol

ደበና

nuvem

ግመ

neblina / nevoeiro

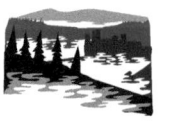

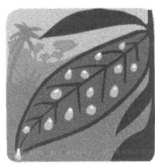

ጠሊ

umidade do ar

ብርቂ

relâmpago

ነጎዳ

trovão

ህቦብላ

tempestade

በረድ

granizo

ብርቱዕ ህቦብላ

monção

ውሕጅ

inundação

በረድ

gelo

ጥሪ

janeiro

ለካቲት

fevereiro

መጋቢት

março

ሚያዝያ

abril

ጉንበት

maio

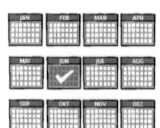

ሰነ

junho

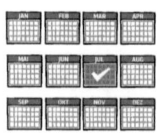

ሓምለ

julho

ነሓሰ

agosto

ዓመት - ano

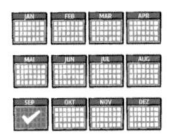

መስከረም
....
setembro

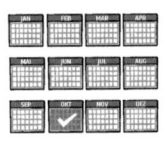

ጥቅምቲ
....
outubro

ሕዳር
....
novembro

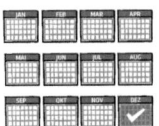

ታሕሳስ
....
dezembro

ዙርያ
....
círculo

ትርብዒት
....
quadrado

ቅኑዕ ርቡዕ ኩርናዕ
....
retângulo

ስሉስ ኩርናዕ
....
triângulo

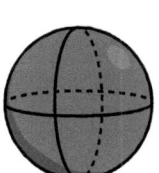

ክቢ
....
esfera

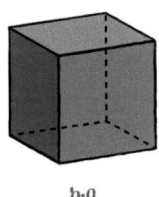

ኩቦ
....
cubo

ጸዕዳ
branco

ብጫ
amarelo

ኣራንቺ
laranja

ፒንክ
rosa

ቀይሕ
vermelho

ጁኽ
lilás

ሰማያዊ
azul

ቀጠልያ
verde

ቡናዊ
marrom

ሓሙኽሽታይ
cinza

ጸሊም
preto

ብዙሕ / ውሑድ

muito / pouco

ሕሩቕ / ሰላማዊ

furioso / tranquilo

ጽቡቕ / ክፉእ

lindo / feio

መጀመርያ / መወዳእታ

começo / fim

ዓቢ / ንእሽቶ

grande / pequeno

ብሩህ / ጸልማት

claro / escuro

ሓው / ሓፍት

irmão / irmã

ጽሩይ / ርሳሕ

limpo / sujo

ምሉእ / ዘይምሉእ

completo / incompleto

መዓልቲ / ለይቲ

dia / noite

ሙዊት / ህልው

morto / vivo

ሰፊሕ / ጸቢብ

largo / estreito

ደስ ዘበል / ደስ ዘይብል
....
comestível / não comestível

እኩይ / ህያዋይ
....
mau / gentil

ርቡጽ / ስልኩይ
....
entusiasmado / entediado

ረጊድ / ቀጢን
....
gordo / magro

ቀዳማይ / ናይ መወዳእታ
....
primeiro / último

ዓርኪ / ጸላኢ
....
amigo / inimigo

ምሉእ / ባዶ
....
cheio / vazio

ተሪር / ልስሉስ
....
duro / macio

ከቢድ / ፈኩስ
....
pesado / leve

ጥምየት / ጽምየት
....
fome / sede

ሕሙም / ጥዑይ
....
doente / saudável

ዘይሕጋዊ / ሕጋዊ
....
ilegal / legal

መስተውዓሊ / ስዲ
....
inteligente / idiota

ጸጋም / የማን
....
esquerda / direita

ቐረባ / ርሑቕ
....
perto / longe

ሓዲሽ / ብሉይ

novo / usado

ዋላ ሓደ / ገለ

nada / alguma coisa

ዓቢ/ኣረጊት / መንእሰይ

velho / jovem

ወልዕ / ኣጥፍእ

ligado / desligado

ክፉት / ዕጹው

aberto / fechado

ህዱእ / ዓው

baixo / alto

ሃብታም / ድኻ

rico / pobre

ቅኑዕ / ግጉይ

certo / errado

ሓርፋፍ / ልሙጽ

áspero / liso

ጉሁይ / ሕጉስ

triste / feliz

ሓጺር / ነዊሕ

curto / longo

ቀስ / ቅልጡፍ

lento / rápido

ጥሉል / ንቑጽ

molhado / seco

ምዉቕ / ዝሑል

ameno / fresco

ውግእ / ሰላም

guerra / paz

0

ዜሮ

zero

1

ሓደ

um

2

ክልተ

dois

3

ሰለስተ

três

4

ኣርባዕተ

quatro

5

ሓሙሽተ

cinco

6

ሽዱሽተ

seis

7

ሸውዓተ

sete

8

ሸሞንተ

oito

9

ትሽዓተ

nove

10

ዓሰርተ

dez

11

ዓሰርተ ሓደ

onze

12

ዓሰርተ ክልተ
doze

13

ዓሰርተ ሰለስተ
treze

14

ዓሰርተ አርባዕተ
quatorze

15

ዓሰርተ ሓሙሽተ
quinze

16

ዓሰርተ ሽዱሽተ
dezesseis

17

ዓሰርተ ሽውዓተ
dezessete

18

ዓሰርተ ሽሞንተ
dezoito

19

ዓሰርተ ትሽዓተ
dezenove

20

ዕስራ
vinte

100

ሚእቲ
cem

1.000

ሽሕ
mil

1.000.000

ሚልዮን
milhão

እንግሊዝኛ

inglês

አሜሪካዊ እንግሊዛዊ

inglês americano

ቻይናዊ ማንዳሪን

chinês mandarim

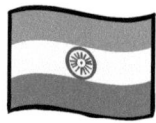

ሂንዳዊ

hindi

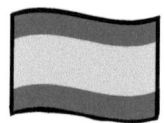

እስጳኛዊ

espanhol

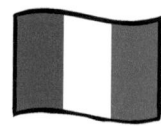

ፈረንሳዊ

francês

ዓረብዊ

árabe

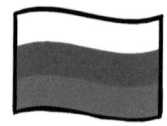

ሩሲያዊ

russo

ፖርቱጋላዊ

português

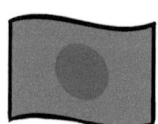

በንጋሊ

bengalês

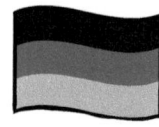

ጀርመናዊ

alemão

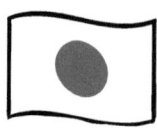

ጃፓናዊ

japonês

ኣነ

eu

ንስኻ/ኺ

você

ንሱ / ንሳ / ንሱ

ele / ela

ንሕና

nós

ንስኻ

vocês

ንሳቶም

eles / elas

መን?

quem?

እንታይ?

O quê?

ከመይ?

como?

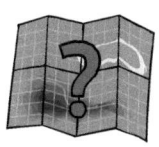

ኣበይ?

onde?

መዓስ?

Quando?

ሽም

nome

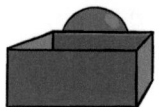

ድሕሪ

atrás

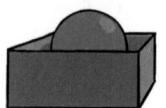

ኣብ

em

ኣብ ቅድሚ

na frente de

ኣብ ላዕሊ

sobre

ኣብ ልዕሊ

em cima

ትሕቲ ምድሪ

debaixo

ኣብ ጥቓ

do lado

ኣብ መንጎ

entre

በታ

lugar